ORAISONS FUNÈBRES

DE

M. LE BARON DE BAYE

Prononcées le 30 avril 1868

PAR

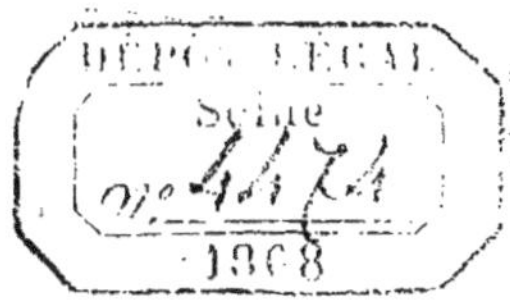

M. L'ABBÉ LÉTOFFÉ

Doyen d'Orbais

ET PAR

M. L'ABBÉ MAHEU

Curé de Baye

ET SUIVIES DU DISCOURS

DE

M. DAMIDEAUX

Médecin de Baye

DISCOURS

DE

M. L'ABBÉ LÉTOFFÉ

Doyen d'Orbais

Appelé par une honorable famille en deuil à vous remercier de la part empressée que vous prenez à sa douleur, que vous dirai-je? sinon que cette paroisse de Baye fait aujourd'hui aussi bien que cette noble famille une grande perte.

Comme moi, et plus que moi, qui ne suis resté, à mon grand regret, que quelques années parmi vous, vous avez été bien plus à même encore d'admirer la loyauté, la franchise et surtout la charité du généreux baron que nous regrettons tous.

Mais, hélas! toute chose a son terme en ce monde, et sa mort si chrétienne nous fait espérer qu'il n'a quitté cette vie de passage où il a semé, multiplié pendant sa longue existence tant de bonnes œuvres que pour aller en recevoir la récompense dans le ciel.

Aussi, moi, prêtre qui m'intéresse au salut de toutes les âmes, je ne peux que vous souhaiter à tous, mes frères, quand le temps en sera venu, une mort aussi chrétienne, aussi résignée et aussi patiemment attendue.

C'est une grande perte, sans doute, pour la paroisse de Baye, je pourrais dire aussi pour d'autres du voisinage, et surtout pour les malheureux indigents. Mais qu'il me soit permis de dire que quand on laisse derrière soi une épouse, des enfants aussi vertueux, aussi charitables qu'était leur chef, c'est pour tous une magnifique compensation.

Prions donc, mes frères, et instruisons-nous. Mais en même temps que nous demanderons au bon Dieu, pour le si regretté défunt, pardon et miséricorde; pour sa digne épouse et ses chers enfants, courage et résignation; apprenons nous-mêmes à vivre chrétiennement pour mériter d'aller aussi un jour recevoir la récompense de nos bonnes œuvres.

DISCOURS

DE

M. L'ABBÉ MAHEU

Curé de Baye

Flevit eum omnis civitas. (II Reg. III 32.)

Toute la cité a donné des pleurs à sa mort.

Que l'inconstance des choses d'ici-bas est grande, mes frères. Hélas! lorsque nous lisions, il n'y a pas longtemps encore, dans les traits de l'homme de bien, dont vos regrets demandent l'éloge, les marques d'une santé florissante, l'espoir de le posséder encore plusieurs années, et les longs bienfaits d'une charité qui ne s'impose point de bornes, lorsque l'amitié, l'estime, la reconnaissance jouissaient des fruits de son zèle infatigable, des résultats de sa prudence consommée, des charmes de son commerce affectueux, lorsque des luttes glorieuses avaient jeté tant d'éclat sur un nom qui vous est cher, nous nous bercions de l'espoir que l'impitoyable mort ne viendrait pas encore le frapper tout à coup, ne le ravirait pas si tôt à notre amour, ne l'ensevelirait pas encore dans la poussière du sépulcre!

Mais, mes frères, nous devons toujours nous incliner devant les décrets d'un Dieu toujours juste, même lorsqu'il vient nous frapper, et l'affliction qui s'est emparée de notre âme trouvera un adoucissement dans la certitude que Dieu ne laissera pas sans récompense les éminentes qualités et les vertus de celui qui fait aujourd'hui l'objet de vos regrets. Avant que la terre ne le dérobe à nos regards, vous éprouvez le besoin de vous rappeler ses vertus et ses services, telle est, mes frères, l'intention de l'hommage que je consacre à la mémoire de Monsieur Amour-Auguste Berthelot, baron de Baye, capitaine de frégate, chevalier de la Légion d'honneur, chevalier de l'ordre royal de Saint-Louis, maire de Baye.

Prêtres du Seigneur, magistrats rassemblés par une calamité autour de ce tombeau, vous qui lui êtes liés par les nœuds du sang, que son bonheur rendait heureux et parmi lesquels il trouvait de si pures délices, et vous, familles laborieuses dont il était l'appui, non, je ne viens pas ici étaler une vaine louange, tous nous sentons le malheur qui nous frappe et le deuil de toute la paroisse est la plus digne louange de l'homme de bien que nous avons perdu.

M. de Baye croissait sous les yeux de ses ancêtres, quand, pour continuer les glorieuses traditions de son illustre famille, il entra au service de la patrie. Pendant les quarante-deux années onze mois neuf jours, campagnes comprises, qu'il consacra au service de son pays, il sut tenir bien haut la réputation que s'était acquise son illustre famille.

Dès l'âge de dix-huit ans, il entrait dans la marine militaire, et toujours son intrépidité, son ardeur égalèrent sa science des combats ; c'est ainsi que de l'année 1800 à 1808, il fut successivement novice, timonier, aspirant de 2ᵉ classe, de 1ʳᵉ classe, et enseigne de vaisseau. En 1814, le gouvernement, pour récompenser ses services militaires, le nommait chevalier de la Légion d'honneur, et en 1815, son

mérite distingué le fit nommer lieutenant de la compagnie
des gardes du pavillon amiral, enfin, en 1820, il reçut
l'insigne décoration de chevalier de l'ordre royal de Saint-
Louis. A cette époque, il avait fait ses preuves de bravoure
et d'ardeur dans quatre combats acharnés, dans lesquels
il sut maintenir la gloire du nom français. Qui n'admire-
rait, en effet, le combat glorieux d'un seul vaisseau contre
quatre, un autre contre sept, dans ce dernier combat,
l'*Amazone,* montée par l'intrépide guerrier, fut, il est vrai,
accablée par le nombre et coulée à fond, mais une pareille
défaite est aussi glorieuse qu'une victoire; enfin, après
avoir si bien servi son pays tant d'années sous les armes,
M. le baron de Baye prenait sa retraite le 1er janvier 1828
avec le grade de capitaine de frégate. Telle fut la première
période de la vie de cet homme de bien. La gloire s'est
attachée à son nom comme militaire, elle ne le sera pas
moins à sa vie privée.

Rentré dans ses foyers, M. le baron de Baye restera-t-il
inactif? Non, mes frères, cette grande âme qui s'est dévouée
à sa patrie va consacrer le reste de sa vie à faire le bonheur
de sa famille et de Baye son pays. Baye! ah! que ce nom
a toujours été cher à son cœur! Homme généreux, vous
pouviez vous appeler comte de Saint-Laurens, titre acquis
sur les champs de bataille par l'un de vos ancêtres. Mais non,
vous êtes-vous dit du fond du cœur, je veux m'appeler baron de Baye, je veux me lier davantage à mon pays dont
le bonheur fera mon bonheur. Vous l'avez voulu aussi,
noble dame, que la Providence a si heureusement associée
aux destinées de celui que nous pleurons aujourd'hui,
dont vous avez toujours si bien secondé les élans de son
cœur.

M. de Baye, rentré dans ses foyers, reçut le titre de
maire. Eh! mes frères, qu'est-ce qu'un maire? C'est une
victime de la société, qui ne connaît de mobile que le désin-
téressement, et de salaire que la conscience; c'est une sen-
tinelle qui veille lorsque les autres reposent, l'oreille tou-

jours attentive aux plus légers mouvements; c'est un médecin qui n'est revêtu d'une grande considération que pour découvrir de plus loin et de plus haut les maladies et les remèdes; c'est un législateur dont les ordonnances calculées par le besoin varient selon les temps, les circonstances et les raisons; c'est un juge dont la balance impartiale ne condamne que pour guérir; c'est le gardien de l'ordre, de la paix et des mœurs; c'est le protecteur né de la religion; c'est le noble instrument du souverain qui remet à sa probité rigide un dépôt sur lequel tous les yeux sont ouverts; c'est un homme responsable devant Dieu et devant le prince du bonheur, de la santé, de la vie de plusieurs centaines d'hommes, sacrifiant quelquefois les intérêts particuliers à l'intérêt général, encourant le blâme parce qu'il est prévoyant, la haine, parce qu'il est juste; enfin, c'est le médiateur des familles, le bouclier des faibles, le refuge des opprimés et des innocents. Tel a été le baron de Baye.

Au guerrier ont aussi succédé l'époux, le père et l'ami; les sentiments doux remplacent les exercices belliqueux. M. de Baye va placer tous ses plaisirs dans la satisfaction intérieure, vivre pour sa famille, se délasser de la gloire, ou plutôt en acquérir une nouvelle : la gloire de la bonté. Une bonté soutenue forme un grand caractère, celui qui n'obtient pas le titre de bon ne recueille jamais la confiance avec l'amour. Par sa bonté, M. de Baye ajoutait à son propre bonheur ce qu'il retranchait du malheur d'autrui; aussi la reconnaissance à son égard était moins une dette qu'un plaisir.

Voilà, mes frères, l'homme excellent que nous pleurons aujourd'hui.

Avec son jugement exquis, avec cet amour ardent du vrai, avec cette haine des nouveautés, M. de Baye pouvait-il ne pas avoir des amis? Il en avait partout, chez les siens, chez les grands, chez les petits. Chez les siens : O amitié, sentiment ineffable, qui nous fais oublier les peines semées sur notre passage, plaisir qui n'est ni précédé du trouble ni suivi du regret, M. de Baye brûlait de ta flamme! Que ton empire était grand dans le sanctuaire de son illustre famille! Pouvait-il ne pas avoir des amis chez les grands, celui qui connaissait le prix d'un cœur, celui que nous avons vu goûter au milieu de ses enfants et petits-enfants, la naïveté de leurs jeux, le charme de leur sourire, l'étude de leurs penchants, l'essai de leur intelligence naissante? Pouvait-il ne pas avoir des amis partout, et jusque chez les petits, celui qui ne fut pas seulement bienfaisant, mais charitable, celui aux yeux duquel la charité n'était pas seulement la pitié, mais un précepte rigoureux; celui qui avait pour maxime que refuser à Dieu dans la personne des indigents, serait non-seulement une injustice, mais un sacrilége? Que M. de Baye connaissait bien, mes frères, tous les secrets de la miséricorde! Que de bonnes œuvres que le regard des hommes n'a jamais vues, dont sa conscience même n'osait s'applaudir, et n'ont été remarquées que du juge et du témoin des consciences! Comme il en recevait le salaire dans l'invisible estime de Dieu.

Une vie si bien remplie pouvait-elle ne pas finir par une mort chrétienne?

Non, mes frères, M. le baron de Baye a compris que toute la vie de l'homme n'est qu'un acheminement vers l'éternité; il a compris que, sans religion, l'homme n'est qu'un être dégradé : cette religion sainte est devenue la grande auxiliatrice de M. de Baye sur son lit de douleur.

Oui, mes frères, il puise dans son sein une force nouvelle; toutes ses promesses se déroulent devant lui aux approches de l'éternité dans laquelle il entrera bientôt.

Les instructions du premier âge, les exemples de famille, les réminiscences d'une probité qui n'a jamais cessé d'être chrétienne, se réveillent au signal des supplications adressées au ciel pour sa guérison. Il ne veut pas être surpris par la mort, et se tourne tout entier vers son Dieu et son juge, son plus grand bonheur est de le recevoir dans son cœur. Il l'adore, il espère. Victime soumise, il relève les courages abattus, règle les honneurs de sa cendre, acquitte les dettes de son cœur, prend congé d'une famille chérie ; il n'y avait entre eux qu'une âme, qu'une passion, qu'un intérêt : le bien public. Ses paroles, ses gestes, ses mouvements ne sont qu'affection ; cette digne compagne d'une longue carrière si bien remplie ; ses enfants qu'il ne serrera plus dans ses bras reçoivent son dernier adieu ! Il les bénit, et meurt dans le Seigneur.

Maintenant, mes frères, c'est pour nous un devoir, une obligation de prier pour le repos de l'âme de l'illustre mort qui est l'objet de cette lugubre solennité. Daignez, mon Dieu, lui faire sentir l'effet de nos vœux et la vertu de ces sacrifices que nous venons de vous offrir. La justice, la clémence, la tendre humanité qui l'ont caractérisé sur la terre et qui sont le motif de l'intérêt que nous prenons à son sort, sont aussi le principe de notre confiance : vous l'avez dit vous-même : Heureux les hommes doux, les hommes cléments, les hommes pacifiques, parce qu'ils seront appelés les enfants de Dieu.

Conservez cette veuve auguste et désolée, qui ne connaît d'autre consolation que de se nourrir de sa douleur, qui ne quitte l'image de son époux que pour se prosterner devant l'image de votre fils ; conservez ces pieux et tendres rejetons, la ressource de l'indigent, et que les vertus qui font l'ornement de leur âme nous apprennent à tous à vivre sous votre empire, afin que nous puissions aussi un jour mourir de la mort des justes.

Ainsi soit-il.

Paris, imp. Balitout, Questroy et Ce, 7, rue Baillif.

BIBLIOTHÈQUE NATIONALE DE FRANCE
3 7502 01002246 7